BEI GRIN MACHT SICH IHR WISSEN BEZAHLT

AF145708

- Wir veröffentlichen Ihre Hausarbeit,
  Bachelor- und Masterarbeit

- Ihr eigenes eBook und Buch -
  weltweit in allen wichtigen Shops

- Verdienen Sie an jedem Verkauf

Jetzt bei www.GRIN.com hochladen und kostenlos publizieren

Bibliografische Information der Deutschen Nationalbibliothek:

Die Deutsche Bibliothek verzeichnet diese Publikation in der Deutschen National-
bibliografie; detaillierte bibliografische Daten sind im Internet über http://dnb.d-
nb.de/ abrufbar.

Impressum:

Copyright © 2012 GRIN Verlag
Druck und Bindung: Books on Demand GmbH, Norderstedt Germany
ISBN: 9783668758827

Dieses Buch bei GRIN:

https://www.grin.com/document/434731

Andreas Möller

Datenbankreplikationen. Höhere Skalierbarkeit und Verfügbarkeit durch Datenbankreplikationen

GRIN Verlag

FOM Hochschule für Ökonomie & Management Essen, Studienort Bonn
Berufsbegleitender Studiengang zum Bachelor of Science (Wirtschaftsinformatik)
Datenbankmanagement
3. Semester (Wintersemester 2012)

Datenbankreplikation

18.11.2012

Inhalt

Abkürzungsverzeichnis

ACID	Atomic, Consistency, Isolation, Durability
DBMS	Datenbank Management System
OpenLDAP	Open Lightweight Directory Access Protocol
SQL	Structured Query Language

Abbildungsverzeichnis

1. Einleitung

1.1 Motivation

Datenbankmanagementsysteme (DBMS) sind in gegenwärtigen informationsverarbeitenden Applikationen und Diensten aufgrund des immer größer werdenden Datenaufkommens unverzichtbar. Der technische Fortschritt im Ausbau der Netzwerkinfrastrukturen, einhergehend mit einer stetig steigenden Anzahl an Nutzern und informationsverarbeitender Applikationen, steigert die in DBMS zu speichernden und zu verwaltenden Datenmengen. In Folge dessen steigen die Anforderungen an Datenbank-Server hinsichtlich der Systemlast und ihrer Verfügbarkeit. Dies wirft die zentralen Fragen auf:

- Wie kann die System-Verfügbarkeit eines DBMS erhöht werden?
- Wie kann ein DBMS hinsichtlich der Lastverteilung skaliert werden?

Für die Beantwortung dieser Fragen gibt es verschiedene technische Möglichkeiten. Diese Ausarbeitung befasst sich mit der Datenbankreplikation (Replikation), welche in dieser Arbeit die „Vervielfältigung von Daten zu einem oder mehreren"[1] Systemen beschreibt. „Mit einer Replikation kopiert oder dupliziert eine Datenbank Änderungsvorgänge von einem auf ein [weiteres] [...] System [...]."[2] Diese Systeme können sich dabei an einem oder mehreren physikalischen Standorten befinden.[3]

1.2 Ziel der Ausarbeitung

Diese Ausarbeitung betrachtet die gängigsten Replikationsarchitekturen asynchroner Datenbankreplikationen und befasst sich im Detail mit verschiedenen Replikationsverfahren und möglichen Replikationstopologien.

Das Ziel dieser Ausarbeitung ist die Beantwortung der Fragestellungen aus Absatz 1.1 hinsichtlich der möglichen Lasterverteilung, sowie der Erhöhung der Verfügbarkeit und gibt einen Überblick über die Technologie der Datenbankreplikation.

1.3 Grundlagen der Replikation

Replikation bedeutet im Kontext der DBMS, das Speichern gleicher Informationen auf mehreren physikalischen Datenbank-Systemen, die durch verschiedene Replikationsverfahren auf dem gleichen Informationsstand gehalten werden. Dieser Zusam-

---

[1] Oracle Corp.(2010): MySQL Replikation – Höhere Skalierbarkeit und Verfügbarkeit mit MySQL 5.5, S. 5
[2] Oracle Corp.(2010): MySQL Replikation – Höhere Skalierbarkeit und Verfügbarkeit mit MySQL 5.5, S. 5
[3] Vgl. Oracle Corp.(2010): MySQL Replikation – Höhere Skalierbarkeit und Verfügbarkeit mit MySQL 5.5, S. 5

menschluss wird auch Replikationsgruppe genannt. Dabei ist stets die geltende Voraussetzung an ein verlässliches System einzuhalten, nach welcher ein transaktives Datenbanksystem stets die vier Eigenschaften atomic, consistency, isolation und durability (ACID) aufweisen muss. Transaktive DBMS stellen sicher, dass eine Datenbanktransaktion vollständig abgeschlossen wird oder im Fehlerfall alle Änderungen dieser Transaktion rückgängig gemacht werden. Dabei muss jede Transaktion die vier ACID-Eigenschaften erfüllen (siehe Anlage: ACID (Atomic, Consistency, Isolation, Durability)).[4] Wie bei einem einzelnen System müssen alle Änderungen und replizierten Informationen diese Eigenschaften auch auf einem zweiten System erfüllen. Daher spielt die Replikationskonflikterkennung eine wichtige Rolle. Diese soll Konflikte zwischen den Datenständen (Inkonsistenzen) verhindern und gegebenenfalls auflösen. Dies stellt sich je nach Replikationstopologie (siehe Kapitel 4) einfacher oder komplizierter dar. Der Abgleich der Daten zwischen den einzelnen Systemen erfolgt mittels verschiedener Replikationsverfahren (siehe Absatz 2.1 bis 2.3).

Im Kontext der asynchronen Replikation werden die verschiedenen Systeme in Master- und Slave-Systeme unterschieden. Auf einem Master-System werden sowohl Schreib- (UPDATE, CREATE), wie auch Leseoperationen (SELECT) durchgeführt. Ein Slave-System hingegen dient nur Leseoperationen. Ein Master-System repliziert seine Änderungsdaten an ein Slave-System, nicht aber umgekehrt. Der genauere Ablauf der asynchronen Replikation ist in Absatz 2.1 beschrieben.

1.4 Einsatzszenarien von Datenbankreplikationen

Moderne informationsverarbeitende Systeme haben verschiedene Anwendungsfälle für den Einsatz asynchroner Datenbankreplikationen. Im Folgenden werden einige Szenarien vorgestellt, wie ein DBMS hinsichtlich der Verfügbarkeit und des Lastverhalten mittels Datenbankreplikation effektiver und leistungsfähiger werden kann.

1.4.1 Datenverteilung

Die Datenbankreplikation kann zur Speicherung einer Kopie der Daten zum Beispiel an einem entfernten Ort wie einer Außenstelle eingesetzt werden. Die Daten sind dann an beiden Standorten verfügbar. Abfragen gegen die Datenbank können dann beispielsweise an einem entfernten Standort gegen eine lokales System gestellt

---

[4] Vgl. Theo Haerder, Andreas Reuter (1983): Principles of Transaction-Orientated Database Recovery, in: Computing Surveys Vol. 15 No.4, S. 288f

werden. Dies kann positive Auswirkungen auf die Antwortzeit des Systems auf Anfragen haben und die Last der Netzwerkverbindung zwischen den Standorten verringern.[5]

1.4.2 Lastverteilung und Skalierbarkeit

In der Regel muss ein DBMS mehr Abfragen als Änderungen auf seine Daten verarbeiten. Durch den Einsatz der Replikation können Abfragen auf mehrere Systeme verteilt werden. Einzelne Applikationen, die zum Beispiel nur Abfragen an die Datenbank stellen, können auch explizit auf ein Slave-System zugreifen.[6] Dies ist vor allem für sehr lastintensive Abfragen wie zum Beispiel durch Business Intelligence oder Data Mining Systeme vorteilhaft. Ein Weiteres Einsatzszenario wäre, ein Slave-System zum Erstellen von Backups zu nutzen, da Backups oftmals das Stoppen der Datenbank erfordern. Um hier die Verfügbarkeitszeit des Master-Systems zu erhöhen und zu entlasten, eignet sich hier ein gesondertes Slave-System.[7]

1.4.3 Verfügbarkeit

Die Verfügbarkeit eines DBMS wird bei der asynchronen Replikation erhöht, da die Daten auf mehreren Systemen vorgehalten werden. Weil das Master-System allerdings als einziges schreibendes System den sogenannten Single Point of Failure darstellt, könnte bei einem Ausfall des Master-Systems ggf. keine Änderungstransaktionen mehr verarbeitet werden. Abfragen gegen das Slave-System sind jedoch weiterhin möglich. Nicht synchronisierte Daten des Masters können hierbei aber verloren gehen.

Durch die Replikation kann die Wiederherstellungszeit gegenüber der Wiederherstellung aus einem herkömmlichen Backup beschleunigt werden, wei das Slave-System bereits die Daten vorhält und die weitaus aufwendigere Wiederherstellung, beispielsweise von einer Bandsicherung, nicht nötig wäre. Auch eine Konfigurationsänderung eines Slave-Systems zum neuen Master-System wäre eine denkbare Lösung für einen solchen Fall (siehe Absatz 4.2).

Zu beachten ist jedoch, dass der Einsatz von Datenbankreplikationen kein Backup ersetzen kann. So kann die Replikation nicht vor Fehlern in der Anwendungssoftware

---

[5] Vgl. Oracle Corp.(2010):MySQL Replikation –Höhere Skalierbarkeit und Verfügbarkeit mit MySQL 5.5, S. 9f
[6] Vgl. Hrsg. O'Reilly Verlag (2009): High Performance MySQL, 2. Auflage (2009), S. 375
[7] Vgl. Oracle Corp.(2010):MySQL Replikation –Höhere Skalierbarkeit und Verfügbarkeit mit MySQL 5.5, S. 11

oder vor Bedienfehlern absichern. Würde beispielsweise ein Anwender versehentlich viele Datensätze löschen, würde dieser Vorgang durch die Replikationsmechanismen auch auf einem Slave-System ausgeführt. Womit auf beiden Systemen diese Informationen gelöscht wären. Es kann daher nur ein Teil eines umfassenderen Backupkonzeptes sein.

1.4.4 Wartung

Ein weiteres Einsatzszenario sind Wartungsarbeiten, wie System- und Versionsupdates oder Funktionserweiterungen. Diese können zunächst mit einem Slave-System erprobt werden. Bei Problemen oder Fehlern können auf diese Weise erste Erfahrungen der Administratoren an diesem System gesammelt werden und es wird kein Schaden an den Daten oder ein längerer Systemausfall riskiert. Nach der erfolgreichen Erprobung können die Neuerungen dann auf die weiteren Datenbanksysteme aufgespielt werden.[8]

---

[8] Vgl. Hrsg. O'Reilly Verlag (2009): High Performance MySQL, 2. Auflage (2009), S. 375

2. Replikationsverfahren

2.1 Asynchrone Replikation

Bei der asynchronen Replikation werden die Daten vom Master-System zu einem oder mehreren Slave-Systemen kopiert. Dieser Kopiervorgang geschieht nur in eine Richtung (unidirektional) mit einer Zeitverzögerung, sodass nach erfolgreichem Abschluss einer Änderungstransaktion diese möglicherweise noch nicht zum Slave-System repliziert wurden. Eine Änderungstransaktion wird somit mit einem einfachen Commit (Ein-Phasen-Commit) bestätigt. Eine zum gleichen Zeitpunkt gestellte Abfrage an das Slave-System könnte ein veraltetes Ergebnis liefern, da die Daten unter Umständen noch nicht repliziert wurden.[9]

In Anlehnung an: Oracle Corp.(2010): MySQL Replikation – Höhere Skalierbarkeit und Verfügbarkeit mit MySQL 5.5
Seite 6, „Vergleich zwischen asynchroner und synchroner Replikation"
Abbildung 1: asynchrone Replikation

Die Replikation findet dabei am Beispiel der MySQL-Replikation (siehe Abbildung 2) vereinfacht dargestellt wie folgt statt:

Das Mastersystem schreibt alle Änderungen in Form von Events in das sogenannte Binärlog. Ein Event beinhaltet genau die Informationen die ein Slave-System benötigt um die Änderung exakt wie das Master-System auszuführen. Im nächsten Schritt triggert das Master-System das Slave-System, dass neue Events im Binärlog vorhanden sind. Das Slave-System kopiert daraufhin das Binärlog vom Master-System auf sich selbst und schreibt alle Änderungen in sein sogenanntes Relay-Log. Dabei merkt es sich exakt die Position des letzten replizierten Events im Binärlog. Ist das Binärlog kopiert, spielt das Slave-System die Anweisungen ab und aktualisiert seine Daten.[10]

---

[9] Vgl. Hrsg. O'Reilly Verlag (2009): High Performance MySQL, 2. Auflage (2009), S. 374
[10] Vgl. Sasha Pachev (2007): Understanding MySQL Internals (2009), S. 216f

Datenbankreplikation

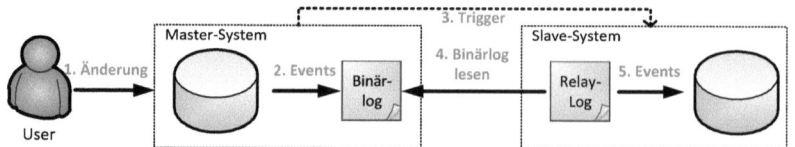

In Anlehnung an: Hrsg. O'Reilly Verlag (2009): High Performance MySQL, 2. Auflage (2009), Seite 376: „Wie die MySQL-Replikation funktioniert"
Abbildung 2: Funktionsablauf MySQL-Replikation

Die zeitliche Verzögerung (Lag) der Replikation zwischen Master- und Slave-System hängt dabei von verschiedenen Einflussgrößen ab: die Netzwerkgeschwindigkeit zwischen den Servern, die Anzahl und die Komplexität der durchzuführenden Anweisungen, sowie die Last beider Server-Systeme.

Die asynchrone Replikation wird, wie in Absatz 1.4.3 vorgestellt, vor allem zur Lastverteilung nicht zeitkritischer Datenbanken eingesetzt.

2.2 Synchrone Replikation

Das Pendant zur asynchronen Replikation ist die synchrone Replikation. Hierbei wird eine Änderungstransaktion auf einem weiteren oder mehreren Systemen gleichzeitig ausgeführt. Beide Systeme werden somit auf dem gleichen Datenstand gehalten. Eine Abfrage gegen das Zweite-System liefert immer das gleiche Ergebnis wie gegen das Erste-System.

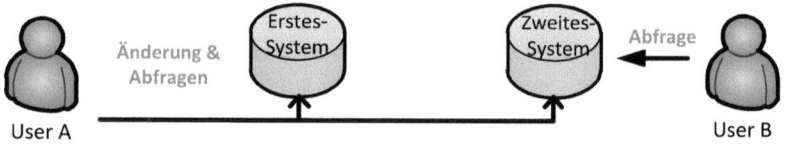

In Anlehnung an: Oracle Corp.(2010): MySQL Replikation – Höhere Skalierbarkeit und Verfügbarkeit mit MySQL 5.5 Seite 6, „Vergleich zwischen asynchroner und synchroner Replikation"
Abbildung 3: synchrone Replikation

Jedoch erfordert die synchrone Replikation in der Regel ein Zwei-Phasen-Commit. Das heißt, eine Transaktion ist erst abgeschlossen, wenn beide Systeme diese bestätigt haben. Dies und die zusätzliche Protokollierung führen trotz der Verteilung auf zwei oder mehrere Systeme zu Leistungseinbußen im Gegensatz zu der asynchronen Replikation. Gewonnen wird jedoch eine höhere Verfügbarkeit und Ausfallsicherheit, da bei der synchronen Replikation jedes der Systeme autark weiter arbeiten kann, wenn es zum Ausfall eines der Systeme kommt.[11]

2.3 Semi-Synchrone Replikation

Die Semi-Synchrone Replikation vereinigt einige Eigenschaften der synchronen und asynchronen Replikation. Bei einer Semi-synchronisierenden Konfiguration werden Änderungstransaktionen wie bei der asynchronen Replikation auf dem Master-System ausgeführt. Bevor dieser die Transaktion jedoch gegenüber der Anwendung bestätigt, wartet dieser bis mindestens ein Slave-System diese Änderungstransaktion erhalten hat. Erst wenn diese durch das Slave-System bestätigt wurde, wird diese Transaktion bestätigt. „Semi-Synchrone Replikation reduziert [somit] ‚verwaiste' Transaktionen auf dem Master-Server [...]"[12], da eine Transaktion erst nach erfolgreicher Replikation als abgeschlossen gilt. Dieses Replikationsverfahren ist daher allerdings auch langsamer als das asynchrone Verfahren.[13]

---

[11] Vgl. Oracle Corp.(2010):MySQL Replikation – Höhere Skalierbarkeit und Verfügbarkeit mit MySQL 5.5, S. 7
[12] Oracle Corp.(2010):MySQL Replikation – Höhere Skalierbarkeit und Verfügbarkeit mit MySQL 5.5, S. 7
[13] Vgl. Oracle Corp.(2010):MySQL Replikation – Höhere Skalierbarkeit und Verfügbarkeit mit MySQL 5.5, S. 7

3. Replikationsarten

Unter Replikationsarten werden die Art und Weise der Speicherung von Änderungstransaktionen für die Replikation verstanden. Dabei kann die Replikation grundsätzlich auf der anweisungs- oder der zeilenbasierten Replikation basieren. Beide Arten geben vor, wie das Master-System seine zu replizierenden Informationen im Binärlog ablegt und wie ein Slave-System diese anzuwenden hat. Die Replikation selbst erfolgt dann nach einem der in Kapitel 2 vorgestellten Replikationsverfahren. In den beiden folgenden Absätzen werden diese Replikationsarten mit den jeweiligen Vor- und Nachteilen vorgestellt. Absatz 3.3 stellt eine Mischform (Gemischte Replikation) dieser beiden Replikationsarten vor, wie sie in heutigen DBMS einsetzbar ist.

3.1 Anweisungsbasierte Replikation

Bei der anweisungsbasierten Replikation werden die SQL-Anweisungen die ein Master-System zum Beispiel von einer Applikation erhalten hat in das Binärlog geschrieben. Diese SQL-Anweisung kann dabei der Originalen Anweisung der Applikation entsprechen. In der Regel wird diese aber optimiert in dem Binärlog auf dem Master-System abgelegt. Das heißt in einer Form, dass die Anweisung schnell und effizient für ein Slave-System anzuwenden ist. Wichtig ist dabei jedoch, dass ein Slave-System diese Anweisung auf den gleichen Datenstand und im gleichen Kontext wie das Master-System ausführt, sodass nach dem Ausführen dieser Anweisung sowohl das Master-System wie auch das Slave-System den gleichen Datenstand erhalten.[14]

Die Form des Binärlogs lässt sich an einem kurzen Beispiel gut veranschaulichen: Eine Beispieltabelle Legosteine, beinhaltet 10.000 Datensätze für die Legosteine einer mit Legosteinen gefüllten Kiste, die jeweils eindeutig mit der Information über ihre Farbe identifizierbar sind. Die folgende SQL-Anweisung bewirkt, dass alle 10.000 Legosteine für Attribut Farbe, den Wert rot erhalten.

UPDATE Legoteine SET farbe='rot';

Die gleiche Änderungsanweisung würde als ein Event in das Binärlog des Master-System geschrieben und so an das Slave-System weitergegeben.

Ein Vorteil der anweisungsbasierten Replikation ist daher, dass nur die SQL-Anweisung in das Binärlog geschrieben werden muss, unerheblich wie viele Datens-

---

ätze diese ändert. Dies benötigt weniger Speicher im Binärlog als die zeilenbasierte Replikation (siehe Absatz 3.2), was wiederum den Transfer des Binärlogs zu einem Slave-System effizienter macht.[15]

Ein Nachteil ist, dass die anweisungsbasierte Replikation nicht alle Änderungen replizieren kann. So werden zum Beispiel keine Anweisungen mit nichtdeterministischem Verhalten unterstützt. Das heißt, Anweisungen deren Wert von anderen Parametern, wie zum Beispiel der Zeit für die Generierung von Zufallszahlenwerten abhängig ist. Diese würden bei der Generierung auf einem Slave-System zu einem anderen Ergebnis führen und so Inkonsistenzen schaffen.[16]

3.2 Zeilenbasierte Replikation

Bei Verwendung der zeilenbasierten Replikation schreibt das Master-System jeden geänderten Datensatz (Datenzeile) als einen Event in das Binärlog. Dieses Event enthält den Datensatz mit seinen neuen Werten. Im Gegensatz zur anweisungsbasierten Replikation sind hierbei einzig die eindeutige Datensatzkennung und die geänderten Daten nötig. Am Legosteine Beispiel aus 3.1 würde die gleiche Anweisung statt des einen Events im Binärlog, wie bei der anweisungsbasierten Replikation, bei der zeilenbasierten Replikation 10.000 Events im Binärlog generieren, da 10.000 Datensätze verändert wurden (vorausgesetzt kein Legostein hatte vorher die Farbe Rot).

Ein Nachteil der zeilenbasierten Replikation ist daher, dass im Binärlog viel mehr Informationen gespeichert werden müssen, wodurch das Binärlog gegenüber der anweisungsbasierten Methode viel größer wird. Was zu steigenden zu replizierenden Datenmengen zwischen Master- und Slave-System führen kann. Dies wiederum kann zu einem längeren Lag zwischen den Systemen führen, da für die Übertragung der Daten mehr Zeit benötigt wird.[17]

Der Vorteil der anweisungsbasierten Replikation ist, dass alle Änderungen repliziert werden können. Das heißt, auch solche, die zum Beispiel aus nichtdeterministischem Verhalten auf dem Master erzeugt wurden. Inkonsistenzen in den Daten zwischen

---
[15] Vgl. Oracle Corp.(2010):MySQL Replikation – Höhere Skalierbarkeit und Verfügbarkeit mit MySQL 5.5, S. 8
[16] Vgl. Oracle Corp.(2012):MySQL Reference Manual 5.5 (2012), S. 1747
[17] Vgl. Sasha Pachev (2007): Understanding MySQL Internals (2009), S. 217f

den Systemen können auf der Ebene der Replikation somit ausgeschlossen werden. Die zeilenbasierte Replikation gilt folglich auch als die sicherste Replikationsart.[18]

3.3 Gemischte Replikation

Die gemischte Replikation nutzt die Vorteile beider Replikationsarten. Das Binärlogging wird bei der gemischten Replikation zwischen der anweisungs- und zeilenbasierten Replikation im Betrieb automatisch gewechselt. Der Wechsel erfolgt unter gewissen definierten Voraussetzungen. Am Beispiel MySQL (ab Version 5.1.8)[19] ist das Logging standardmäßig anweisungsbasiert, wechselt unter anderem aber in den zeilenbasierten Modus, wenn bei der Änderungstransaktion zum Beispiel eine lokale System-Variable genutzt wird um einen Wert zu generieren. Die gemischte Replikation vereinigt dementsprechend die Vorteile beider Replikationsarten hinsichtlich Binärloggröße und Replikationszeit, sowie der Möglichkeit alle Änderungstransaktionen replizieren zu können.

[18] Vgl. Oracle Corp.(2012):MySQL Reference Manual 5.5 (2012), S. 1748
[19] Vgl. Oracle Corp.(2010):MySQL Replikation – Höhere Skalierbarkeit und Verfügbarkeit mit MySQL 5.5, S. 8

4. Replikationstopologien

Die verschiedenen Anforderungen die Applikationen an ein DBMS stellen spiegelt sich auch in einer Vielzahl von Replikationstopologien dar, die beim Entwurf eines replizierenden DBMS konzeptionierbar sind. Im Folgenden werden häufig verbreitete Replikationstopologien dargestellt. Ähnlich wie bei den Netzwerktopologien, kann es auch Szenarien für die Datenbankreplikation geben, in denen verschiedene Replikationstopologien miteinander kombiniert werden. Abbildung 4 zeigt eine Übersicht über die im Folgenden vorgestellten Replikationstopologien.

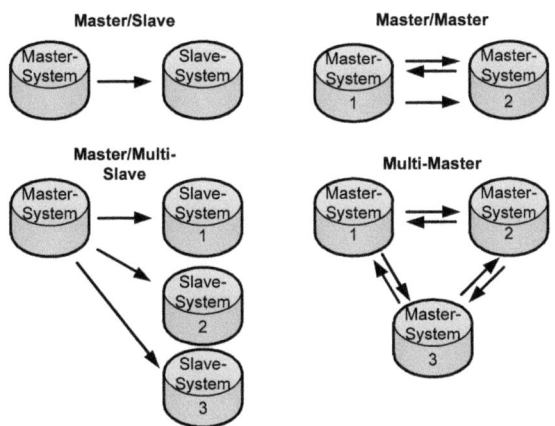

In Anlehnung an: Oracle Corp.(2010):MySQL Replikation – Höhere Skalierbarkeit und Verfügbarkeit mit MySQL 5.5, S. 12, „Allgemeine MySQL Replikationstopologien"
Abbildung 4: Übersicht Replikationstopologien

4.1 Master/Slave Replikation

Die Master-Slave Replikation ist die einfachste Form der Replikationstopologien. Bei der Master-Slave Replikation werden alle Änderungstransaktionen auf dem Master-System ausgeführt. Dieser loggt die Änderungen mit und stellt das Log dem Slave-System zur Verfügung. Das Slave-System ist hierbei nur für Abfragen (lesende Zugriffe) zu nutzen.

Eine Variation der Master/Slave Replikation ist die Master/Multi-Slaves Replikation. Der konzeptionelle Aufbau ist der gleiche wie bei der einfachen Master/Slave Replikation, nur werden die Daten vom Master-System auf mehrere Slave-Systeme repliziert. Obwohl diese Architektur der Entlastung eines Master-Systems dient, können

11

nicht beliebig viele Slave-Systeme an einen Master-System angefügt werden, weil die Replikation selbst Last auf dem Master-System erzeugt. Jedoch gibt es hier keine pauschalen Grenzen.[20]

Kommt es bei der Master/Slave Replikation zu einer Dateninkonsistenz, so gelten die Datenstände des Master-Systems in diesem Konfliktfall als die richtigen Daten. Die Daten des Slave-Systems werden in diesem Fall dem Datenstand des Master-Systems angeglichen. Ein Einsatzszenario für diese Topologie ist die Skalierung zur Lastverteilung auf mehrere Systeme, zum Beispiel für abfrageintensive Applikationen.

4.2 Master/Master Replikation

Die Master/Master Replikationstopologie wird weiter in den zwei Varianten Aktiv/Aktiv und Aktiv/Passiv unterschieden. Bei der Aktiv/Aktiv Replikation können Änderungstransaktionen auf beiden Systemen ausgeführt werden. Dies bürgt großes Risikopotential für das Auftreten von Inkonsistenzen, wenn zum Beispiel auf beiden Systemen im gleichen Datensatz, zeitgleich Änderungen vorgenommen werden. So kann es in dieser Variante zu Inkonsistenzen kommen, die von den Replikationsmechanismen nicht erkannt werden. Dennoch gibt es Einsatzszenarien, die diese Version der Master/Master Replikation sinnvoll machen. Um einer Außenstelle beispielsweise eine eigene Kopie zur Verfügung zu stellen, und so dieser Außenstelle ein autarkes Arbeiten zu ermöglichen.[21] [22]

Die Aktiv/Passiv Variante verfolgt einen anderen Ansatz. Bei dieser Version ist nur eines der Systeme das aktive System auf dem Änderungstransaktionen ausgeführt werden. Das passive System wird bei einer Störung des aktiven Systems (die vom Slave-System erkannt werden kann, zum Beispiel durch eine Heartbeat Überwachung) oder einem administrativ erwirkten Wechsel, selbst zum aktiven System und das vorher aktive, wird wenn möglich zum passiven System. Diese Variante findet Ihren Einsatz vor allem in Hochverfügbarkeitsszenarien, sodass die Ausfallzeiten (Störungs- oder Wartungsbedingt) des Systems verringert werden.[23]

---

[20] Vgl. Hrsg. O'Reilly Verlag (2009): High Performance MySQL, 2. Auflage (2009), S. 393f
[21] Vgl. Oracle Corp.(2010):MySQL Replikation – Höhere Skalierbarkeit und Verfügbarkeit mit MySQL 5.5, S. 13
[22] Vgl. Hrsg. O'Reilly Verlag (2009): High Performance MySQL, 2. Auflage (2009), S. 395f
[23] Vgl. Hrsg. O'Reilly Verlag (2009): High Performance MySQL, 2. Auflage (2009), S. 397f

4.3 Multi-Master Replikation

Die Multi-Master Replikationstopologie beschreibt den Zusammenschluss von mehr als zwei Master-Systemen zu einer Replikationsgruppe. Dabei können Änderungstransaktionen auf allen Systemen vorgenommen werden. Wie bereits bei der Aktive/aktive Variante der Master/Master Replikation, birgt dies große Gefahr von Dateninkonsistenzen. Daher stellt diese Topologie höchste Ansprüche an die Replikationskonfliktfindung und –lösung. Ein typisches Einsatzszenario für diese Topologie sind Verzeichnisdienste wie Microsofts Active Directory oder OpenLDAP, da diese häufig standortübergreifend aufgesetzt werden und an jedem Standort beispielsweise Passwortänderungen möglich sein müssen, auch wenn ein Hauptstandort in diesem Moment technisch nicht erreichbar wäre.[24]

---

[24] Vgl. Randy Urbano (Hrsg. Oracle Corp. 2007), Oracle Database Advanced Replication, 10*g* Release 2 (10.2),Seite 4

5. Fazit

Die Datenbankreplikation ermöglicht es, ein DBMS für die individuellen Anforderungen heutiger Applikationen zu konzeptionieren. So lassen sich heute verschiedenste Szenarien mit beliebiger Größe mittels asynchroner Replikation realisieren. Im Bezug auf die Ausgangsfragen, liegt der größte Nutzen durch den Einsatz von Master/Slave Architekturen in der Lastverteilung auf mehrere Systeme. Die Master/Master Replikation wird vor allem zur Erhöhung der Systemverfügbarkeit eingesetzt. Die Datenbankreplikation ist ein wichtiges Instrument, um den stetig steigenden Anforderungen von informationsverarbeitenden Systemen gerecht zu werden. Zusätzlich kann die Datenbankreplikation auch den Betrieb von DBMS aus Sicht der IT-Abteilungen, hinsichtlich Sicherungskonzepte und Systemwartungen, unterstützen und vereinfachen.

Die vorgestellten Replikationstopologien können darüber hinaus die Grundlage für verschiedene weitere Topologien bilden. Werden beispielsweise mehr Slave-Systeme benötigt als ein Master-System hinsichtlich der Systemlast bedienen könnte. Kann durch den Einsatz eines Slave-Systems, das wiederum als Master-System für weitere Slave-Systeme auftritt, das eigentliche Master-System entlastet werden (Hub-Szenario).[25] Des Weiteren kann es Einsatzszenarien für Master/Master und Multi-Master Replikationen geben, die einen synchronen Replikationsaufbau benötigen.

Wichtig für alle vorgestellten Replikationsverfahren und -arten ist, dass der Datenbestand immer dem ACID-Anspruch gerecht wird, um Inkonsistenzen in den Daten zu verhindern. Das Aufspüren und Lösen von Replikationskonflikten ist daher eine der größten Herausforderungen im Rahmen der Datenbankreplikation.

---

[25] Vgl. Hrsg. O'Reilly Verlag (2009): High Performance MySQL, 2. Auflage (2009), S. 400ff

Literaturverzeichnis

Baron Schwartz Peter Zaitsev,Vadim Tkachenko, Jeremy D. Zawodny,Arjen Lentz & Derek J. Balling High Performance MySQL [Buch] / Übers. Lichtenberg Kathrin. - Köln : O'Reilly Verlag GmbH & Co. KG, 2009. - 2. Auflage. - Die Originalausgabe erschien 2008 unter dem Titel:High Performance MySQL. - 978-3-89721-889-5.

Informationstechnik Bundesamt für Sicherheit in der HV-Kompendium V 1.2 [PDF]. - Bonn : [s.n.]. - Kapitel 9: Datenbanken.

Oracle and/or its affiliates MySQL 5.1 Referenzhandbuch [PDF]. - Redwood City, CA 94065. : [s.n.], 2010. - deutsche Übersetzung.

Oracle USA inc. MySQL 5.5 Reference Manual [PDF]. - Redwood City, CA 94065. : [s.n.], 2012. - Generiert: 20.10.2012.

Oracle USA inc. www.oracle.com [Online] = 5.2.4.3. Mixed Binary Logging Format. - 2012. - 16. November 2012. - http://docs.oracle.com/cd/E17952_01/refman-5.5-en/binary-log-mixed.html.

Oracle www.mysql.de [Online] // MySQL Replikation - Höhere Skalierbarkeit und Verfügbarkeit mit MySQL 5.5. - Dezember 2010. - 22. 10 2012. - Dokument wird nach Regestrierung zugesand.

Pachev Sasha Understanding MySQL Internals [Buch]. - 1005 Gravenstein Highway North, Sebastopol, CA 95472. : O'Reilly Media, Inc., 2007. - 978-0-596-00957-1.

Philip A. Bernstein Nathan Goodman Concurrency Control in Distributed Database Systems [Artikel] // Computing Surveys. - Cambridge, Massachusetts : [s.n.], June 1981. - 13.

Steiner René Grundkurs Relationale Datenbanken [Buch]. - Wiesbaden : Vieweg+Teubner | GWV Fachverlage GmbH, 2009. - 7. Auflage. - 978-3-8348-0710-6.

Theo Haerder Andreas Reuter Principles of Transaction-Oriented Database Recovery [Journal] // Computing Surveys. - 12 1983. - 4 : Bd. Vol. 16.

Urbano Randy Oracle Database Advanced Replication, 10g Release 2 (10.2) [Online] // www.oracle.com. - Oracle, November 2007. - 11. 11 2012. - http://docs.oracle.com/cd/B19306_01/server.102/b14226.pdf. - B14226-02.

Anhang

ACID (Atomic, Consistency, Isolation, Durability)

Atomic (Atomar): Eine Transaktion muss vollständig angewandt und abgeschlossen sein. Nach dem Prinzip „all-or-nothing"[26].

Consistency (Konsistenz): „Die Datenbank muss sich immer von einem konsistenten Zustand in den nächsten bewegen."[27]

Isolation: "Events within a transaction must be hidden from other transactions running concurrently. If this were not the case, a transaction could not be reset to its beginning [...]."[28]

Durability (Dauerhaftigkeit): Ist eine Transaktion abgeschlossen, muss sichergestellt werden, dass dieser Datenstand auch nach einem Systemabsturz dauerhaft gewährleistet ist.[29]

---

[26] Theo Haerder, Andreas Reuter (1983): Principles of Transaction-Orientated Database Recovery, in: Computing Surveys Vol. 15 No.4, S. 289
[27] Hrsg. O'Reilly Verlag (2009): High Performance MySQL, 2. Auflage (2009), S. 7
[28] Theo Haerder, Andreas Reuter (1983): Principles of Transaction-Orientated Database Recovery, in: Computing Surveys Vol. 15 No.4, S. 290
[29] Vgl. Theo Haerder, Andreas Reuter (1983): Principles of Transaction-Orientated Database Recovery, in: Computing Surveys Vol. 15 No.4, S.290

BEI GRIN MACHT SICH IHR WISSEN BEZAHLT

- Wir veröffentlichen Ihre Hausarbeit,
  Bachelor- und Masterarbeit

- Ihr eigenes eBook und Buch -
  weltweit in allen wichtigen Shops

- Verdienen Sie an jedem Verkauf

Jetzt bei www.GRIN.com hochladen
und kostenlos publizieren